Para Manu e Lara,

as miúdas com fogo no cabelo!

Eu nasci careca, como todo bebê deve ser.

E como todo bebê, chorava e gritava para atender o meu querer.

Aos poucos fui ganhando mais cabelo e também mais moderação.

Mas foi quando cheguei aos 10 anos que começou a confusão.

Um dia meu pai me pediu para colocar o uniforme e tirar os pijamas.

Quando percebi, meu cabelo já estava em chamas.

Não entendi porque meu pai colocou fogo no meu cabelo.

Mas por culpa dele, explodi e a manhã virou um pesadelo.

Quando cheguei na escola, decidi ao meu dia dar mais uma chance.

Até que descobri que minha mãe não colocou chocolate no meu lanche.

Meu cabelo pegou fogo e logo veio a explosão.

Por culpa da minha mãe gritei e falei até palavrão.

Chegando em casa, fui logo brincar com minha irmã.

Ela não fazia o que eu queria e não me deixava ser a capitã.

Ainda não entendo como ela colocou fogo no meu cabelo.

Mas empurrei ela com tanta força que ela ficou até com medo.

Finalmente chegou o final de semana.

Ninguém iria colocar fogo no meu cabelo e o dia seria

bem bacana.

Estava desenhando sozinha e a ponta do lápis quebrou.

Meu cabelo pegou fogo, explodi e a brincadeira acabou.

Como isso era possível se não tinha mais ninguém comigo?

Será que sou eu mesma que coloco fogo quando me irrito?

Não é possível, a culpa não é minha, é sério!

Vou prestar atenção e resolver esse mistério.

No dia seguinte comecei a investigação.

Fiquei sozinha e esperei algo que gerasse a explosão.

Não demorou muito para meu cabelo se incendiar.

Mas percebendo que era eu, comecei a me acalmar.

Quando consegui me controlar, uma coisa mágica aconteceu.

Meu cabelo que sempre era curtinho, um pouco cresceu.

Estava na hora de levar o experimento para um novo nível.

Pai, mãe, irmã se preparem para algo incrível.

Fiquei esperando algo acontecer que fizesse meu cabelo incendiar.

Sem muita demora minha mãe me mandou tomar banho e parar de brincar.

Meu cabelo rapidamente pegou fogo, mas quando ia explodir.

Respirei bem fundo, me controlei e fiz o fogo sumir.

Que descoberta genial, tudo agora faz sentido!

Não são os outros que me fazem explodir, mas sim como eu lido.

É só ter calma e controlar a respiração.

Que o fogo se apaga, não grito e nem faço confusão.

Hoje em dia ainda me irrito com algumas situações.

Mas entendi que cabe a mim controlar minhas emoções.

Meu cabelo (e minha paciência) já está bem crescido.

E hoje trato todos a minha volta com muito amor e

carinho.